VORWORT

Ob hell oder dunkel, Vollmilch oder Zartbitter.
Alle lieben Schokolade!

Und deshalb finden Sie in diesem Heft jede Menge Rezepte rund ums Thema Schokolade.

Sie werden erstaunt sein, wie unterschiedlich man Schokolade genießen kann und schon beim Durchblättern der Rezepte wird Ihnen das Wasser im Mund zusammenlaufen.

Bei der Auswahl der Zutaten sollten Sie auf Qualität achten, denn das Ergebnis ist nur so gut, wie die Schokolade selbst.

Viel Spaß beim Ausprobieren und Genießen wünscht

Cornelia Sieder

REZEPT-Übersicht

Weiße SCHOKO-CREME

ZUTATEN

150 g weiße Schokolade, in Stücken
90 g Sahne
1 P. Vanillezucker
1 Prise Bourbon Vanille, gem.
250 g Crème double

Zum Verzieren:
5 frische Himbeeren
ein paar gehackte Pistazien

ZUBEREITUNG

- Schokolade im Mixtopf **10 Sek./Stufe 9** zerkleinern. Mit dem Spatel nach unten schieben. Sahne dazugeben und **2 Min./50°C/Stufe 2** schmelzen.
- Vanillezucker, Vanille und Crème double dazugeben und **10 Sek./Stufe 4** unterrühren.
- In 5 kleine Dessertgläser füllen und mindestens 1,5-2 Std. kalt stellen. Mit gehackten Pistazien und Himbeeren dekorieren.

NICECREAM

mit Nuss-Nougat-Creme

Rezept für den Sirup auf Seite 43

3 PORTIONEN

*Vorbereitungszeit!
Über Nacht gefrieren

ZUTATEN

5	reife Bananen* (ca. 500 g)
15 g	Backkakao
30 g	Nuss-Nougat-Creme
etwas	Schokosirup (siehe Seite 43)

ZUBEREITUNG

- Bananen in Scheiben schneiden und in einem Gefrierbeutel verteilen, über Nacht einfrieren.
- Gefrorene Bananen zusammen mit Backkakao und Nuss-Nougat-Creme in den Mixtopf geben und **30 Sek./Stufe 10** cremig schlagen.
- In ein Glas abwechselnd mit etwas Schokosirup schichten. Sofort genießen.

LAVA CAKE

auf Himbeerspiegel

Die Himbeersauce kann bereits am Vortag hergestellt werden.

8 KÜCHLEIN

FÜR DIE SAUCE

300 g Himbeeren, TK
40 g Zucker
50 g Orangensaft
50 g Wasser, lauwarm
1 TL Speisestärke

FÜR DIE KÜCHLEIN

60 g Vollmilchschokolade
20 g Zartbitterschokolade
90 g weiche Butter
3 Eier
100 g Zucker
50 g Weizenmehl, Type 405
20 g Backkakao
1 Prise Salz
½ TL Backpulver

Zum Verzieren:
frische Himbeeren
geschlagene Sahne
Puderzucker

Zubehör: Muffinblech

ZUBEREITUNG

- Für die Sauce Himbeeren im Mixtopf **5 Sek./Stufe 6** zerkleinern. Vom Mixtopfrand nach unten schieben. Zucker, Orangensaft und Wasser zugeben und **5 Min./100°C/Stufe 2** aufkochen. Alles durch ein Sieb streichen. Den aufgefangenen Himbeersaft wieder in den Mixtopf geben. Nun Speisestärke dazugeben, **5 Sek./Stufe 4** verrühren und **3 Min./100°C/Stufe 2** aufkochen. Sauce umfüllen und kalt stellen. Mixtopf spülen.
- Backofen auf 180°C Ober-/Unterhitze vorheizen. Muffinform vorbereiten: 8 Muffinmulden mit je 2 Streifen Backpapier über Kreuz auslegen (s. Bild). Somit können die Küchlein nach dem Backen besser aus der Form gehoben werden.
- Für die Küchlein beide Schokoladensorten in Stücken im Mixtopf **10 Sek./Stufe 8** zerkleinern. Butter zugeben und **3 Min./50°C/Stufe 2** schmelzen. Eier und Zucker dazugeben und **20 Sek./Stufe 5** aufschlagen. Mehl, Kakao, Salz und Backpulver zugeben und **5 Sek./Stufe 5** unterheben. Die Schokoladenmasse gleichmäßig auf 8 Muffinmulden verteilen. Im vorgeheizten Backofen 11 Min. backen.
- Auf Dessertteller einen Himbeersaucenspiegel geben. Küchlein darauf platzieren und mit geschlagener Sahne, Puderzucker und frischen Himbeeren (oder anderem Obst) servieren.

MOUSSE au Chocolat

5 PORTIONEN

ZUTATEN

400 g	Sahne
2 P.	Sahnesteif
200 g	Zartbitterschokolade
80 g	Milch, 1,5%
20 g	Zucker

Zum Verzieren:

etwas	weiße Raspelschokolade

ZUBEREITUNG

- **Rühraufsatz einsetzen.** Kalte Sahne und Sahnesteif im Mixtopf auf **Stufe 3,5** steif schlagen. Umfüllen und kalt stellen. **Rühraufsatz entfernen.** Mixtopf spülen und gut trocknen.
- Schokolade im Mixtopf **10 Sek./Stufe 8** zerkleinern. Mit dem Spatel nach unten schieben. Milch und Zucker dazugeben und **3 Min./50°C/Stufe 2** schmelzen. Ggf. noch mal mit dem Spatel nach unten schieben und **1 Min./50°C/Stufe 2** schmelzen. Ohne Deckel abkühlen lassen. Wenn die Schokolade kalt ist, **Rühraufsatz einsetzen.** Sahne zugeben und **5 Sek./Stufe 3** unterheben.
- Entweder in 5 Dessertschälchen oder in eine größe Schale füllen, um Nocken auszustechen. Mit weißer Raspelschokolade bestreut servieren.

SCHOKO-PUDDING

mit Tonkabohne

ZUTATEN

80 g	Zartbitterschokolade
20 g	Vollmilchschokolade
200 g	Sahne
330 g	Milch, 1,5%
30 g	Zucker
1 P.	Vanillezucker
½ TL	Tonkabohne, gem.
40 g	Speisestärke

Zum Verzieren:

etwas Schlagsahne
ein paar Schokostreusel

ZUBEREITUNG

- Schokolade in Stücken in den Mixtopf geben und **10 Sek./Stufe 8** zerkleinern. Mit dem Spatel nach unten schieben. Sahne und Milch dazugeben und **4 Min./100°C/Stufe 1** erhitzen.
- **Rühraufsatz einsetzen.** Restliche Zutaten zugeben und **5 Min./100°C/Stufe 3** aufkochen. Deckel abnehmen und Pudding im Mixtopf komplett auskühlen lassen. Nun den Pudding noch mal **10 Sek./Stufe 3** aufschlagen.
- In Dessertgläser füllen. Nach Wunsch mit Sahne, Streuseln oder Früchten servieren.

Wer möchte, kann frische Früchte dazu servieren!

Schoko-TIRAMISU

9 STÜCKE

Zubereitungszeit!
Über Nacht kalt stellen.

FÜR DIE CREME

400 g	Sahne
3 TL	San-apart (von Küchle)*
300 g	Doppelrahmfrischkäse
100 g	Crème double
100 g	Zucker

FÜR DEN PUDDING

80 g	Zartbitterschokolade, in Stücken
40 g	Vollmilchschokolade, in Stücken
200 g	Sahne
400 g	Milch, 1,5%
30 g	Zucker
50 g	Speisestärke

AUSSERDEM

1½ P.	Schoko-Butterkekse
etwas	Kakao

Zubehör: Auflaufform 23x23 cm

*San-apart ist ähnlich wie Sahnesteif und im Supermarkt erhältlich.

ZUBEREITUNG

- **Rühraufsatz einsetzen.** Für die Creme Sahne mit San-apart auf **Stufe 3.5** steif schlagen. **Rühraufsatz entfernen.** Restliche Creme-Zutaten zugeben und **10 Sek./Stufe 5** vermengen. Umfüllen und kalt stellen. Mixtopf spülen.
- Für den Pudding Schokolade im Mixtopf **10 Sek./Stufe 8** zerkleinern. Mit dem Spatel nach unten schieben. Sahne und Milch zugeben und **4 Min./100°C/Stufe 1** erhitzen. **Rühraufsatz einsetzen.** Zucker und Speisestärke zugeben und **6 Min./100°C/Stufe 3** aufkochen. **Rühraufsatz entfernen** und den Pudding ohne Deckel im Mixtopf abkühlen lassen. Wenn der Pudding komplett abgekühlt ist, **5 Sek./Stufe 6** aufschlagen.
- Nun die Lasagne schichten: Den Boden der Auflaufform dünn mit der Creme bestreichen und Butterkekse darauf verteilen. Mit Creme bestreichen und Pudding darauf schichten. Butterkekse darauf verteilen und noch einmal wiederholen, sodass 3 Schichten Butterkekse verteilt wurden. Mit der Creme abschließen.
- Über Nacht kalt stellen. Vor dem Servieren mit Kakao bestäuben.

RUMKUGELN mal anders

FÜR DEN TEIG

2	Eier
70 g	Zucker
35 g	Weizenmehl, Type 405
35 g	Speisestärke
20 g	Backkakao
½ TL	Backpulver

FÜR DIE MOUSSE

50 g	Zartbitter-Kuvertüre
20 g	Backkakao
30 g	Zucker
250 g	Sahne

einige Tropfen Rumaroma

Zum Wälzen:
100 g Schokostreusel

Zubehör: Springform

ZUBEREITUNG

- Backofen auf 180°C Ober-/Unterhitze vorheizen. Eine Springform mit Backpapier auslegen. (Nicht fetten!) **Rühreinsatz einsetzen.** Eier und Zucker **5 Min./37°C/Stufe 4** aufschlagen.
- Mehl, Speisestärke, Backkakao und Backpulver neben dem Rühraufsatz in den Mixtopf geben und **5 Sek./Stufe 3** unterheben. **Rühraufsatz entfernen.** Ggf. noch mal mit dem Spatel unterheben. Biskuitmasse in die Springform geben und gleichmäßig verteilen. Der Teig muss nicht bis zum Rand gestrichen werden. Im Backofen ca. 11 Min. backen. Mixtopf spülen.
- Für die Mousse Kuvertüre im Mixtopf **10 Sek./Stufe 6** zerkleinern. Ggf. mit dem Spatel die Schokolade nach unten schieben. Restliche Zutaten dazugeben und **40 Sek./Stufe 6** zu einer Mousse aufschlagen.
- Abgekühlten Biskuit in Stücken zugeben und grob mit dem Spatel unterheben, **40 Sek./Stufe 4** alles vermengen. In eine Schüssel umfüllen, mit Folie abdecken und 1 Std. kalt stellen.
- Nun 8 gleich große Rumkugeln formen und in Schokostreusel wälzen. Wieder 1 Std. kalt stellen und genießen.

Bruch-SCHOKOLADE

Wer mag, kann auch mit weißer Schokolade marmorieren!

ZUTATEN

150 g Zartbitter-Kuvertüre, in Stücken
150 g Vollmilch-Kuvertüre, in Stücken
150 g weiße Kuvertüre, in Stücken
500 g Wasser, heiß

Zum Verzieren:
Kekse, Schokolinsen, Zuckerperlen - alles nach Belieben

Zubehör: Gefrierbeutel

ZUBEREITUNG

- Zartbitter- und Vollmilchkuvertüre im Mixtopf **10 Sek./Stufe 8** zerkleinern. In einen Gefrierbeutel füllen und gut verschließen. Mixtopf spülen.
- Weiße Schokolade ebenfalls **10 Sek./Stufe 8** zerkleinern und in einen Gefrierbeutel füllen. Mixtopf spülen.
- Heißes Wasser in den Mixtopf einwiegen. Beide Gefrierbeutel in den Gareinsatz geben und einsetzen. Schokolade **21-22 Min./90°C/Stufe 1** schmelzen.
- Zuerst weiße Schokolade auf ein mit Backpapier ausgelegtes Backblech geben und verstreichen. Nun dunkle Schokolade darüber geben.
- Nach Belieben mit z.B. Keksen, Schokolinsen, Zuckerperlen usw. belegen. Über Nacht fest werden lassen. In Stücke brechen und zum Verschenken hübsch einpacken.

SCHOKO CROSSIES

hell & dunkel

DUNKLE VARIANTE

100 g Vollmilch-Kuvertüre
100 g Zartbitter-Kuvertüre
15 g Kokosfett (z.B. Palmin)
70 g Cornflakes
30 g Mandelstifte

HELLE VARIANTE

200 g weiße Kuvertüre
15 g Kokosfett (z.B. Palmin)
70 g Cornflakes
30 g Kokoschips

ZUBEREITUNG

- Kuvertüre in Stücken in den Mixtopf geben und **10 Sek./Stufe 8** zerkleinern. Mit dem Spatel nach unten schieben. Kokosfett zugeben und **4 Min./50°C/Stufe 2** schmelzen.
- Cornflakes und Mandeln zuwiegen und mit dem Spatel mit der Kuvertüre gut vermengen. Kleine Häufchen auf ein Backpapier geben und gut abkühlen lassen.
- Bei der hellen Variante genauso vorgehen mit weißer Kuvertüre, Cornflakes und Kokoschips.

Soft COOKIES

ZUTATEN

300 g	Zartbitterschokolade, in Stücken
30 g	Butter
80 g	brauner Zucker
80 g	Zucker
1 EL	Vanillezucker
65 g	Weizenmehl, Type 405
2	Eier
⅓ TL	Backpulver
1 Prise	Salz

ZUBEREITUNG

- Backofen auf 180°C Ober-/Unterhitze vorheizen.
- Schokolade im Mixtopf **8 Sek./Stufe 6** zerkleinern. Mit dem Spatel nach unten schieben. Ca. 5 EL davon abnehmen und beiseitestellen.
- Butter und beide Zuckersorten zur Schokolade geben und **5 Min./50°C/Stufe 2** schmelzen.
- Restliche Zutaten und die beiseitegestellte Schokolade dazugeben und **10 Sek./Stufe 4** vermengen.
- Mithilfe von zwei Esslöffeln 15 Cookies auf ein mit Backpapier ausgelegtes Backblech geben.
- Im vorgeheizten Backofen 10-12 Min. backen. Auf dem Blech gut auskühlen lassen.

Schoko-WAFFELN

8 WAFFELN

ZUTATEN

2 Eier
100 g Zucker
1 P. Vanillezucker
100 g weiche Margarine
170 g Weizenmehl, Type 405
170 g Milch, 1,5%
1 gestr. TL Backpulver
40 g Speisestärke
25 g Backkakao

Zubehör: Waffeleisen

ZUBEREITUNG

- Eier, Zucker, Vanillezucker und Margarine im Mixtopf **1 Min./Stufe 4** aufschlagen. Restliche Zutaten dazugeben und **20 Sek./Stufe 4** verrühren.
- Mit einem eingefetteten Waffeleisen ca. 8 Waffeln ausbacken und nach Belieben genießen. Zum Beispiel mit hellem oder dunklem Schokosirup (s. Seite 43), frischen Früchten und Puderzucker servieren.

8 DONUTS

SCHOKO-DONUTS *aus dem Ofen*

ZUTATEN

150 g	Espresso-Schoko-Sirup (s. Seite 46)
1	Ei
2 EL	Rapsöl
¼ TL	Salz
2 Prisen	Muskat, frisch gem.
1 TL	Vanilleextrakt
150 g	Weizenmehl, Type 405
1 TL	Backpulver

FÜR DEN GUSS

200 g	Zartbitter-Kuvertüre
25 g	Kokosfett (z.B. Palmin)
25 g	Haselnusskrokant

Zubehör: Donutform, Spritzbeutel

ZUBEREITUNG

- Backofen auf 180°C Ober-/Unterhitze vorheizen.
- Sirup, Ei, Öl, Salz, Muskat und Vanilleextrakt in den Mixtopf geben und **20 Sek./Stufe 5** verrühren. Mehl und Backpulver zugeben und **10 Sek./Stufe 5** vermengen.
- Teig in einen Spritzbeutel geben und in die Donutform füllen. Im vorgeheizten Backofen ca. 10 Min. backen. Donuts abkühlen lassen.
- Für den Guss Kuvertüre im Mixtopf **10 Sek./Stufe 8** zerkleinern. Kokosfett zugeben und **3 Min./50°C/Stufe 2** schmelzen. Schokoguss in eine flache Schüssel füllen und Donuts kopfüber in den Guss eintunken. Mit Haselnusskrokant bestreuen und abkühlen lassen.

Schoko-BRÖTCHEN

12 BRÖTCHEN

ZUTATEN

2 Eier
150 g Milch, 1,5%
100 g Zucker
½ Würfel frische Hefe
500 g Weizenmehl, Type 405
30 g weiche Butter
40 g Speisequark (40 %)
1 Prise Salz
100 g backfeste Schokotropfen
etwas Puderzucker

ZUBEREITUNG

- Eier, Milch, Zucker und Hefe in den Mixtopf geben und **2 Min./37°C/Stufe 2** erwärmen. Restliche Zutaten (außer Puderzucker) dazugeben und **1:30 Min./Teigstufe** kneten. Teig in eine bemehlte Schüssel geben und 2 Std. gehen lassen.
- Teig auf eine bemehlte Arbeitsfläche geben, 12 gleich große Stücke abstechen und zu Brötchen formen.
- Im vorgeheizten Backofen bei 180°C ca. 20 Min. backen. Abkühlen lassen und mit Puderzucker bestreuen.

Schoko-BROWNIES

ZUTATEN

300 g	Zartbitterschokolade, in Stücken
250 g	Butter
200 g	brauner Zucker
50 g	Zucker
4	Eier
200 g	Weizenmehl, Type 405
1 TL	Backpulver
40 g	Backkakao
50 g	Schokodrops
1 Prise	Salz
etwas	Puderzucker

ZUBEREITUNG

- Backofen auf 180°C Ober-/Unterhitze vorheizen.
- Schokolade im Mixtopf **10 Sek./Stufe 6** zerkleinern. Mit dem Spatel nach unten schieben. Butter und beide Zuckersorten dazugeben und **5 Min./50°C/Stufe 2** schmelzen. 5 Min. abkühlen lassen.
- Restliche Zutaten (außer Puderzucker) dazugeben und **20 Sek./Stufe 4** unterrühren.
- Ein tiefes Backblech mit Backpapier auslegen, Brownieteig einfüllen und glatt streichen. Im vorgeheizten Backofen 20-25 Min. backen.
- Auskühlen lassen und anschließend in 12 gleich große Stücke schneiden. Mit Puderzucker bestreut servieren.

Schoko-Erdbeer-SCHNITTEN

mit Mandelmus

16 STÜCK

ZUTATEN

4 Eier
240 g Zartbitterschokolade
140 g Butter
80 g Mandelmus
100 g Zucker
40 g brauner Zucker
100 g Mandelmehl
2 TL Backpulver

FÜR DAS TOPPING

250 g frische Erdbeeren
150 g Zartbitterschokolade
80 g Sahne
20 g Butter

Zubehör:
Backform (23x23 cm)

ZUBEREITUNG

- Backofen auf 180°C Ober-/Unterhitze vorheizen. Backform mit Backpapier auskleiden oder mit Butter fetten und mehlen.
- Eier trennen. **Rühraufsatz einsetzen** und das Eiweiß **4 Min./Stufe 3.5** steif schlagen. Umfüllen und kalt stellen. **Rühraufsatz entfernen.** Mixtopf spülen.
- 240 g Schokolade in Stücken in den Mixtopf geben und **10 Sek./Stufe 8** zerkleinern. Mit dem Spatel nach unten schieben. Butter zugeben und **3 Min./50°C/Stufe 2** schmelzen. Mandelmus dazugeben und **10 Sek./Stufe 3** unterrühren. Umfüllen. Mixtopf spülen.
- Eigelb mit weißem Zucker und braunem Zucker **3 Min./Stufe 3.5** aufschlagen. Geschmolzene Schokoladenmasse, Mandelmehl und Backpulver zugeben und **10 Sek./Stufe 4** verrühren. **Rühraufsatz einsetzen.** Eischnee dazugeben und **5 Sek./Stufe 3** unterrühren. Teig in die Backform geben und gleichmäßig verstreichen. Ca. 25 Min. backen und auskühlen lassen. Mixtopf spülen.
- Für das Topping Erdbeeren waschen, Strunk entfernen und halbieren. Auf einem Küchentuch abtropfen lassen und dann auf den erkalteten Kuchenboden geben.
- Schokolade in Stücken in den Mixtopf geben und **10 Sek./Stufe 8** zerkleinern. Mit dem Spatel nach unten schieben. Sahne und Butter zugeben und **3-4 Min./50°C/Stufe 2** schmelzen. Schokoguss über die Erdbeeren geben und kalt stellen.

Mini-SCHOKO-GUGL

FÜR DEN TEIG

15 g	ganze Mandeln
35 g	Zartbitterschokolade
40 g	weiche Butter
40 g	Zucker
1 Prise	Salz
1	Ei
40 g	Weizenmehl, Type 405
½ TL	Backpulver
1 TL	Backkakao
2 EL	Milch, 1,5%

FÜR DAS TOPPING

12	Kirschen
etwas	Schlagsahne
etwas	Puderzucker

Zubehör: Mini-Guglform, Spritzbeutel

ZUBEREITUNG

- Backofen auf 180°C Ober-/Unterhitze vorheizen.
- Mandeln im Mixtopf **10 Sek./Stufe 8** zerkleinern. Umfüllen. Schokolade ebenfalls im Mixtopf **10 Sek./Stufe 8** zerkleinern und umfüllen.
- Butter, Zucker, Salz und Ei in den Mixtopf geben und **1 Min./Stufe 5** verrühren. Alles mit dem Spatel nach unten schieben.
- Restliche Teigzutaten zusammen mit Mandeln und Schokolade zugeben und **20 Sek./Stufe 4** unterrühren. Teig in einen Spritzbeutel geben und die Spitze abschneiden. Mini-Guglform einfetten und mithilfe des Spritzbeutels den Teig einfüllen.
- Mini-Gugl für ca. 10 Min. im vorgeheizten Backofen backen. Abkühlen lassen.
- Mit etwas Sahne und je einer Kirsche verzieren und mit etwas Puderzucker bestäuben.

12 CUPCAKES

Schoko-CUPCAKES

FÜR DEN TEIG

250 g Buttermilch
150 g weiche Butter
180 g Zucker
1 P. Vanillezucker
3 Eier
250 g Weizenmehl, Type 405
1 TL Natron
1 TL Backpulver
60 g Backkakao

FÜR DAS FROSTING

170 g Zartbitterschokolade
50 g Butter
140 g saure Sahne
1 P. Vanillezucker
1 Prise Salz
300 g Puderzucker
ein paar bunte Zuckerperlen

Zubehör: Muffinblech, Muffinförmchen, Spritzbeutel

ZUBEREITUNG

- Backofen auf 180°C Ober-/Unterhitze vorheizen.
- Buttermilch, Butter, Zucker, Vanillezucker und Eier im Mixtopf **1 Min./Stufe 5** mixen. Restliche Teigzutaten zugeben und **20 Sek./Stufe 4** vermengen. Teig in 12 Muffinförmchen füllen und im vorgeheizten Backofen ca. 20 Min. backen (Stäbchenprobe). Mixtopf spülen und gut trocknen.
- Für das Frosting Schokolade in Stücken in den Mixtopf geben und **10 Sek./Stufe 8** zerkleinern. Butter zugeben und **3 Min./40°C/Stufe 1** schmelzen. Abkühlen lassen.
- Saure Sahne, Vanillezucker und Salz dazugeben und **20 Sek./Stufe 5** verrühren. Mit dem Spatel alles nach unten schieben. Puderzucker zugeben und **1 Min./Stufe 4** verrühren. Noch einmal mit dem Spatel nach unten schieben und weitere **30 Sek./Stufe 5** verrühren. In einen Spritzbeutel füllen und 1 Std. kalt stellen. Frosting auf die Muffins spritzen und mit Zuckerperlen bestreuen.

18 CUPCAKES

Schoko-KIRSCH-CUPCAKES mit Buttercreme

FÜR DIE SCHOKOKIRSCHEN

75 g	Vollmilch-Kuvertüre, in Stücken
75 g	Zartbitter-Kuvertüre, in Stücken
½ TL	Kokosfett (z.B. Palmin)
18	frische Kirschen

FÜR DIE BUTTERCREME

500 g	Milch, 1,5%
30 g	Zucker
2 P.	Vanillezucker
30 g	Speisestärke
2	Eigelb
250 g	weiche Butter (Zimmertemperatur)
100 g	Puderzucker
5 TL	Kirschmarmelade

FÜR DEN TEIG

4	Eier
200 g	Milch, 1,5%
250 g	Zucker
1 P.	Vanillezucker
180 g	weiche Butter
200 g	Weizenmehl, Type 405
100 g	Speisestärke
30 g	Backkakao
1 TL	Natron
1 TL	Backpulver
1 Glas	Schattenmorellen (Abtr.gew. 350 g)

Zur Verzieren:
etwas Kirschmarmelade

Zubehör: Muffinblech, Muffinförmchen, Spritzbeutel

ZUBEREITUNG

- Als Erstes für die Schokokirschen Vollmilch- und Zartbitter-Kuvertüre im Mixtopf **10 Sek./Stufe 8** zerkleinern. Vom Mixtopfrand nach unten schieben. Kokosfett dazugeben und **3 Min./50°C/Stufe 2** schmelzen. In ein schmales, kleineres Glas füllen und die Kirschen hinein tunken. Die Schokokirschen auf einen mit Backpapier ausgelegten Teller legen. Im Kühlschrank fest werden lassen. Mixtopf spülen.
- Für die Buttercreme den Pudding vorbereiten. Dazu Milch, Zucker, Vanillezucker, Speisestärke und Eigelb in den Mixtopf geben und **7 Min./100°C/Stufe 3** aufkochen. Umfüllen, mit Frischhaltefolie abdecken und bei Zimmertemperatur abkühlen lassen. Mixtopf spülen.
- Backofen auf 180°C Ober-/Unterhitze vorheizen. Muffinblech mit Muffinförmchen bestücken.
- Für den Muffinteig Eier, Milch, Zucker, Vanillezucker und Butter im Mixtopf **1 Min./Stufe 5** aufschlagen. Mehl, Speisestärke, Kakao, Natron und Backpulver zugeben und **20 Sek./Stufe 4** unterheben. Teig in die Muffinförmchen füllen. Je 3 oder 4 Kirschen (abgetropft aus dem Glas) auf den Muffins verteilen. Im vorgeheizten Backofen 20-25 Min. backen. Auskühlen lassen.
- Für die Buttercreme Butter im Mixtopf **2 Min./Stufe 3,5** aufschlagen. Puderzucker dazugeben und **30 Sek./Stufe 4** verrühren. Vom Mixtopfrand nach unten schieben und weitere **30 Sek./Stufe 4** rühren. Mixtopf ohne eingesetzten Messbecher **2 Min./Stufe 4** laufen lassen. Dabei nach und nach die Puddingmasse durch die Öffnung zugeben. Nun die Kirschmarmelade dazugeben und **30 Sek./Stufe 4** unterheben. Creme ca. 40 Min. kalt stellen.
- Buttercreme in einen Spritzbeutel mit gewünschter Tülle füllen und auf die Muffins spritzen. Ca. 10 Min. kalt stellen. Auf jeden Cupcake einen Klecks Marmelade geben und mit einer Schokokirsche dekorieren. Bis zum Verzehr kalt stellen.

SÜSSE SÜNDE
zum Naschen

16 STÜCK

FÜR DEN BODEN

100 g weiche Butter
300 g American Cookies
1 TL Backkakao

FÜR DIE CREME

400 g weiße Kuvertüre, in Stücken
380 g gezuckerte Kondensmilch
20 g Butter
160 g Marshmallowcreme (Fluff)

FÜR DAS TOPPING

100 g weiße Schokolade
10 g Kokosfett (z.B. Palmin)
ein paar Zuckerstreusel

Zubehör: Backform (23x23 cm)

ZUBEREITUNG

- Backform mit Backpapier auskleiden.
- Für den Boden Butter im Mixtopf **2 Min./50°C/Stufe 2** schmelzen. Cookies und Kakao zugeben und **8 Sek./Stufe 8** vermengen. Krümel in der Brownieform verteilen und als Boden festdrücken. Mixtopf spülen.
- Für die Creme weiße Kuvertüre im Mixtopf **10 Sek./Stufe 8** zerkleinern. Mit dem Spatel nach unten schieben. Milchmädchen und Butter dazugeben und **5 Min./50°C/Stufe 2** schmelzen. Marshmallowcreme zugeben und **1 Min./50°C/Stufe 3-4** unterheben. Creme auf dem Boden verteilen. Mind. 6 Std. kalt stellen.
- Für das Topping weiße Schokolade im Mixtopf **10 Sek./Stufe 8** zerkleinern. Kokosfett zugeben und **3 Min./50°C/Stufe 2** schmelzen. Auf dem Kuchen verteilen und mit Streuseln verzieren.

Saftiger SCHOKO-KUCHEN

16 STÜCKE

ZUTATEN

120 g	ganze Mandeln
70 g	Zartbitterschokolade
4	Eier
240 g	weiche Butter
160 g	Zucker
1 Prise	Salz
120 g	Weizenmehl, Type 405
1 ½ TL	Backpulver
40 g	Backkakao

FÜR DEN GUSS

100 g	Zartbitter-Kuvertüre
50 g	Vollmilch-Kuvertüre
20 g	Kokosfett (z.B. Palmin)
etwas	bunte Streusel

Zubehör: Guglhupfform

ZUBEREITUNG

- Backofen auf 180°C Ober-/Unterhitze vorheizen.
- Mandeln im Mixtopf **10 Sek./Stufe 10** mahlen. Umfüllen. Zartbitterschokolade im Mixtopf **10 Sek./Stufe 6** zerkleinern und umfüllen.
- Eier, Butter, Zucker und Salz in den Mixtopf geben und **30 Sek./Stufe 5** verrühren. Mehl, Backpulver, Kakao, gemahlene Mandeln und Schokolade zugeben und **30 Sek./Stufe 5** unterheben.
- Teig in eine gefettete und mit Mehl bestäubte Guglhupfform geben und im vorgeheizten Backofen 40-45 Min. backen. Auskühlen lassen und dann stürzen.
- Mixtopf spülen. Zartbitter- und Vollmilch-Kuvertüre in Stücken sowie Kokosfett in den Mixtopf geben und **3 Min./50°C/Stufe 2** schmelzen. Über den Kuchen geben und mit Streuseln verzieren.

Konfetti-CAKE-POPS

FÜR DEN RÜHRKUCHEN

125 g weiche Butter
110 g Zucker
1 P. Vanillezucker
2 Eier
120 g Weizenmehl, Type 405
20 g Backkakao
1 TL Backpulver

AUSSERDEM

100 g Doppelrahmfrischkäse
100 g Mascarpone
50 g Zartbitter-Kuvertüre

Zum Verzieren

150 g Zartbitter-Kuvertüre
100 g Vollmilch-Kuvertüre
20 g Kokosfett (z.B. Palmin)
ein paar Zuckerstreusel

Zubehör:

Kastenform (25 cm)
18 Cake-Pop-Stiele

ZUBEREITUNG

- Backofen auf 180°C Ober-/Unterhitze vorheizen.
- Butter, Zucker, Vanillezucker und Eier in den Mixtopf geben und **1 Min./Stufe 4** cremig schlagen.
- Restliche Zutaten für den Rührkuchen zugeben und **15 Sek./Stufe 4** unterheben. In eine mit Backpapier ausgelegte Kastenform geben und im vorgeheizten Backofen ca. 35 Min. backen. Kuchen komplett abkühlen lassen. Mixtopf spülen.
- Nun den Rührkuchen in Stücken in den Mixtopf geben und **6 Sek./Stufe 5** zerkleinern. Frischkäse und Mascarpone dazugeben und **15 Sek./Stufe 4** verrühren. Masse zu einer Kugel formen, in Frischhaltefolie wickeln und für ca. 20 Min. ins Gefrierfach legen. Mixtopf spülen.
- In der Zwischenzeit 50 g Zartbitter-Kuvertüre im Mixtopf **10 Sek./Stufe 8** zerkleinern und **2 Min./50°C/Stufe 2** schmelzen. In eine kleine Schüssel umfüllen.
- Nach der Kühlzeit aus der Teigmasse 18 gleich große Kugeln formen und auf einen mit Backpapier belegten Teller legen. Cake-Pop-Stiele in die geschmolzene Kuvertüre tauchen und in die Teigkugeln stechen. Mind. 2 Std. in den Kühlschrank stellen. Mixtopf spülen und gut trocknen.
- Zum Verzieren restliche Kuvertüre in Stücken in den Mixtopf geben und **10 Sek./Stufe 8** zerkleinern. Mit dem Spatel nach unten schieben. Kokosfett dazugeben und **4 Min./50°C/Stufe 2** schmelzen. In eine Schale geben. Cake-Pops in die Kuvertüre eintauchen, drehen und mit Streuseln verzieren. Cake-Pops entweder in Styropor, einen ca. 10 cm hohen Karton oder Eierpappe stechen. Kühl stellen, bis die Schokolade fest geworden ist.

18 STÜCK

Schoko-KAFFEE-TARTES

6 STÜCK

FÜR DEN MÜRBTEIG

180 g Weizenmehl, Type 405
20 g Backkakao
100 g kalte Butter
40 g Zucker
1 Prise Salz
1 Ei

FÜR DIE CREME

300 g Zartbitterschokolade, in Stücken
230 g Sahne
50 g Kaffee (frisch gekocht)
60 g Butter
20 g Zucker

Zum Verzieren:
Kakaopulver & Schokoraspeln
Beeren, nach Belieben

Zubehör: kleine Tarteformen

ZUBEREITUNG

- Alle Zutaten für den Mürbteig in den Mixtopf geben und **15 Sek./Stufe 6** kneten. Teig in Frischhaltefolie wickeln und im Kühlschrank 15-20 Min. kalt stellen. Mixtopf spülen.
- In der Zwischenzeit Tarteformen einfetten und bemehlen. Backofen auf 180°C Ober-/Unterhitze vorheizen.
- Mürbteig in 6 gleich große Stücke teilen und rund ausrollen. Tarteförmchen mit dem Teig auskleiden und einen Rand hochziehen. Mit einer Gabel mehrmals in den Boden stechen. Mürbteig im vorgeheizten Backofen 15-20 Min. backen.
- Inzwischen die Creme zubereiten. Schokolade im Mixtopf **10 Sek./Stufe 8** zerkleinern. Mit dem Spatel nach unten schieben. Restliche Zutaten zugeben und **4 Min./50°C/Stufe 2** schmelzen. Ggf. noch einmal mit dem Spatel nach unten schieben und **1 Min./50°C/Stufe 2** schmelzen. Schokoladencreme in die Tarteförmchen auf den Teig geben und ca. 4 Std. im Kühlschrank abkühlen lassen. Vor dem Servieren mit Kakaopulver bestäuben und nach Belieben dekorieren.

Weiße SCHOKO-TARTES

FÜR DEN MÜRBTEIG

200 g Weizenmehl, Type 405
100 g kalte Butter
30 g Zucker
1 Prise Salz
1 Ei

FÜR DIE CREME

150 g weiße Kuvertüre, in Stücken
100 g Crème fraîche
150 g Crème double
2 Eigelb

Zum Verzieren:
ein paar weiße Schokoraspeln
etwas Puderzucker

Zubehör: kleine Tarteformen

ZUBEREITUNG

- Alle Teigzutaten im Mixtopf **15 Sek./Stufe 6** kneten. Teig in Frischhaltefolie wickeln und im Kühlschrank 15-20 Min. kalt stellen. Mixtopf spülen. Tarteformen einfetten und bemehlen. Backofen auf 180°C Ober-/Unterhitze vorheizen.
- Mürbteig in 6 gleich große Stücke teilen und rund ausrollen. Tarteförmchen mit dem Teig auskleiden und einen Rand hochziehen. Mit einer Gabel mehrmals in den Boden stechen. Mürbteig im vorgeheizten Backofen 15-20 Min. backen.
- Inzwischen die Creme zubereiten. Schokolade im Mixtopf **10 Sek./Stufe 8** zerkleinern. Mit dem Spatel nach unten schieben. Crème fraîche und Crème double dazugeben, **5 Sek./Stufe 3** verrühren und **2 Min./50°C/Stufe 2** schmelzen. Ggf. noch mal mit dem Spatel nach unten schieben und **1 Min./50°C/Stufe 2** schmelzen. Eigelb dazugeben und **30 Sek./Stufe 3** unterrühren.
- Schokoladencreme auf den Mürbteig geben und bei 160°C Ober-/Unterhitze 25 Min. fertig backen. Vollständig auskühlen lassen. Vor dem Servieren mit Puderzucker und Schokoraspeln dekorieren.

CHEESECAKE
Marshmallow-Traum

16 STÜCKE

Zubereitungszeit!
Über Nacht kalt stellen.

FÜR DEN CHEESECAKE

200 g Butterkekse
100 g weiche Butter
175 g Doppelrahmfrischkäse
250 g Speisequark, 40%
200 g Zucker
150 g saure Sahne
100 g Crème double
150 g Sahne
3 geh. TL Speisestärke
100 g Backkakao
3 Eier
60 g kleine Marshmallows

FÜR DAS TOPPING

50 g ganze Mandeln, mit Haut
30 g Zucker
2 EL Wasser
100 g Zartbitter-Kuvertüre
90 g Sahne
60 g kleine Marshmallows

Zubehör: Springform

ZUBEREITUNG

- Butterkekse im Mixtopf **10 Sek./Stufe 10** zerkleinern. Umfüllen. Butter in den Mixtopf geben und **1:30 Min./50°C/Stufe 2** schmelzen. Butterkekskrümel zugeben und **10 Sek./Stufe 4** vermengen.
- Backofen auf 160°C Ober-/Unterhitze vorheizen. Springform mit Backpapier auskleiden und Rand leicht fetten. Butterkekskrümel in die Springform geben und zu einem Boden fest andrücken. Mixtopf spülen.
- Frischkäse, Quark und Zucker im Mixtopf **1 Min./Stufe 4** cremig schlagen. Saure Sahne, Crème double, Sahne, Speisestärke, Backkakao und Eier dazugeben und **20 Sek./Stufe 4** unterheben. Marshmallows zugeben und noch einmal **10 Sek./Stufe 3** unterheben. Masse in die Springform füllen und 60-70 Min. im vorgeheizten Backofen backen (Stäbchenprobe). Ca. 1 Std. im Backofen abkühlen lassen. Anschließend über Nacht in den Kühlschrank stellen.
- Für das Topping Mandeln und Zucker im Mixtopf **5 Min./Varoma/ ⟲ /Stufe 1** erhitzen. Wasser dazugeben und **6 Min./Varoma/ ⟲ /Stufe 1** erwärmen. Auf ein mit Backpapier belegtes Backblech verteilen und abkühlen lassen. Wenn die Mandeln abgekühlt sind, in den sauberen Mixtopf geben und **3 Sek./Stufe 5** grob zerkleinern. Umfüllen. Mixtopf spülen.
- Kuvertüre in Stücken in den Mixtopf geben und **10 Sek./Stufe 9** zerkleinern. Sahne zugeben und die Schokolade **2:30 Min./50°C/Stufe 2** schmelzen.
- Marshmallows und die Hälfte der Mandeln auf dem Kuchen verteilen. Geschmolzene Kuvertüre darüber geben und mit restlichen Mandeln bestreuen.

MOTIVTORTE
mit Keksboden

Zubereitungszeit!
Über Nacht kalt stellen.

Tipp zur Teigmenge:

Wenn man ein Herz backen möchte, benötigt man zwei Herzen. Bei Zahlen auch je zweimal dieselbe Zahl. Der Keksteig reicht für mind. 2 Zahlen, sofern diese ein DIN-A4-Format nicht überschreiten.

12 STÜCKE

FÜR DEN KEKSBODEN

- 50 g Mandeln, blanchiert
- 130 g Butter
- 40 g Naturjoghurt, 3,5%
- 1 Ei
- 160 g Zucker
- 20 g Backkakao
- 240 g Weizenmehl, Type 405
- ½ TL Backpulver
- 1 Prise Salz

FÜR DIE CREME

- 400 g kalte Sahne
- 6 TL San-apart
- 50 g weiße Schokolade
- 40 g Zucker
- 1 P. Vanillezucker
- 120 g Crème double
- 100 g Doppelrahmfrischkäse

Zum Verzieren:
z.B. essbare Blüten, Schokoladenherzen, Baiserhäubchen, Himbeeren oder nach Belieben

Zubehör:
Motivschablone
Spritzbeutel + Lochtülle

ZUBEREITUNG

- Gewünschtes Motiv als Schablone vorbereiten, wie z.B. Zahlen, Buchstaben, Herz o.ä.
- Für den Keksteig Mandeln in den Mixtopf geben und **6 Sek./Stufe 8** mahlen. Restliche Teigzutaten zugeben und **1:30 Min./ Teigstufe** kneten. Teig zu einer Kugel formen, in Frischhaltefolie wickeln und 20-30 Min. in den Kühlschrank stellen. Mixtopf spülen.
  Backofen auf 180°C Ober-/Unterhitze vorheizen.
- Die Hälfte des Teiges mithilfe von etwas Mehl auf einem Backpapier ausrollen (ca. 1 cm dick). Schablone auflegen und mit dem Messer an der Schablone entlang den Teig zuschneiden, restlichen Teig entfernen. Vorsichtig mit den Fingern Unebenheiten glatt drücken. Das Backpapier samt ausgeschnittenem Motiv auf ein Backblech geben und 17-20 Min. fertig backen. Abkühlen lassen. Genauso mit der zweiten Teighälfte verfahren. Kekse abkühlen lassen.
- Für die Creme **Rühraufsatz einsetzen,** Sahne mit San-apart in den sauberen Mixtopf geben und auf **Stufe 3,5** steif schlagen. Umfüllen und kalt stellen. Mixtopf reinigen.
- Weiße Schokolade in Stücken in den Mixtopf geben, **10 Sek./Stufe 9** zerkleinern und **2 Min./50°C/Stufe 2** schmelzen. Kurz auskühlen lassen. Zucker, Vanillezucker, Crème double und Frischkäse zugeben und **10 Sek./Stufe 4** unterrühren. **Rühraufsatz einsetzen.** Sahne dazugeben und **5 Sek./Stufe 3** unterheben. Creme in einen mit Lochtülle versehenen Spritzbeutel geben.
- Keksboden auf eine beliebige Platte geben. Die Creme als Tupfen darauf verteilen. Zweiten Keks darauf geben und wieder Creme darauf tupfen. Am besten über Nacht kalt stellen. Kurz vor dem Servieren mit Blüten, Schokolade, Früchten etc. dekorieren.

16 STÜCKE

Schoko-Beeren-BISKUITROLLE

FÜR DEN TEIG

5	Eier
80 g	Zucker
1 P.	Vanillezucker
1 Prise	Salz
20 g	Backkakao
30 g	Speisestärke
75 g	Weizenmehl, Type 405

FÜR DIE BUTTERCREME

100 g	weiße Kuvertüre
150 g	Speisequark, 40%
200 g	Mascarpone
125 g	Crème double
20 g	Zucker
1 Prise	Zitronenschalen-Abrieb
125 g	frische Himbeeren
100 g	frische Blaubeeren

FÜR DIE SCHOKOGLASUR

100 g	Vollmilchschokolade
100 g	Zartbitterschokolade
15 g	Kokosfett (z.B. Palmin)

Zum Verzieren:
weiße Schokostreusel

ZUBEREITUNG

- Backofen auf 200°C Ober-/Unterhitze vorheizen.
- **Rühraufsatz einsetzen.** Eier, Zucker und Vanillezucker in den Mixtopf geben und **10 Min./37°C/Stufe 4** aufschlagen. Restliche Teigzutaten zugeben und **5 Sek./Stufe 3** unterheben.
- Teig auf ein mit Backpapier ausgelegtes Backblech geben und glatt streichen. 8-10 Min. im vorgeheizten Backofen backen. Mixtopf spülen.
- Biskuit auf ein mit etwas Zucker bestreutes Geschirrtuch stürzen. Backpapier abziehen und den Biskuit mithilfe des Tuchs einrollen. 15 Min. eingerollt abkühlen lassen.
- Weiße Schokolade im Mixtopf **10 Sek./Stufe 8** zerkleinern. Mit dem Spatel nach unten schieben und **2 Min./50°C/Stufe 2** schmelzen. Quark, Mascarpone, Crème double, Zucker und Zitronenschalen-Abrieb dazugeben und **20 Sek./Stufe 4** verrühren. Biskuit wieder auseinanderrollen und mit der Creme bestreichen. Beeren auf der Creme verteilen. Biskuitrolle fest aufrollen, in Frischhaltefolie wickeln und ca. 30 Min. kühl stellen.
- Für die Glasur Schokolade in Stücken in den sauberen Mixtopf geben und **10 Sek./Stufe 8** zerkleinern. Alles mit dem Spatel nach unten schieben. Kokosfett dazugeben und **3-4 Min./50°C/Stufe 2** schmelzen. Über die Biskuitrolle verteilen. Nach ca. 5 Min. mit den weißen Schokostreuseln bestreuen und kalt stellen.

Heiße SCHOKOLADE

ZUTATEN

400 g	kalte Sahne
2 P.	Sahnesteif
120 g	Zartbitterschokolade
500 g	Milch, 1,5%
2 Msp.	Zimt
etwas	Schokoladensirup (s. Seite 43)
etwas	Schokostreusel oder Marshmallows

Zubehör: Spritzbeutel

ZUBEREITUNG

- **Rühraufsatz einsetzen.** Sahne und Sahnesteif im Mixtopf auf **Stufe 3.5** steif schlagen. **Rühraufsatz entfernen.** Umfüllen und kalt stellen. Mixtopf spülen.
- Schokolade in Stücken in den Mixtopf geben und **10 Sek./Stufe 8** zerkleinern. Schokolade vom Mixtopfrand nach unten schieben. Milch und Zimt dazugeben und **6 Min./90°C/Stufe 2** erhitzen. In Gläser oder Tassen geben. Geschlagene Sahne in einen Spritzbeutel mit Tülle füllen und auf die heiße Schokolade geben. Mit Schokosirup, Schokostreuseln oder Marshmallows je nach Geschmack verzieren.

3 GLÄSER (à 200 ml)

Kleine SCHOKO-AMERIKANER

12-14 STÜCK

FÜR DEN TEIG

130 g weiche Butter
200 g Zucker
1 Ei
220 g Buttermilch
180 g Weizenmehl, Type 405
1 TL Backpulver
80 g Backkakao

FÜR DIE GLASUR

200 g weiße Kuvertüre in Stücken
15 g Kokosfett (z.B. Palmin)
ein paar Zuckerstreusel

ZUBEREITUNG

- Backofen auf 180°C Ober-/Unterhitze vorheizen.
- Butter, Zucker und Ei in den Mixtopf geben und **1 Min./Stufe 3** verrühren. Restliche Zutaten für den Teig zugeben und **20 Sek./Stufe 4** zu einem Teig vermengen.
- Zwei Backbleche mit Backpapier auslegen und mit 2 Esslöffeln ca. 6 Teighäufchen auf jedes Backblech geben. Im vorgeheizten Backofen 12-14 Min. backen. Vollständig auskühlen lassen und dann erst die Amerikaner vom Backpapier lösen.
- Für die Glasur die Kuvertüre im Mixtopf **10 Sek./Stufe 9** zerkleinern. Palmin dazugeben und **2 Min./50°C/Stufe 2** schmelzen. Amerikaner damit bestreichen und mit Zuckerstreuseln bestreuen.

SCHOKOCAKE
mit Guss

ZUTATEN

200 g	Zartbitterschokolade
200 g	Margarine
200 g	Zucker
200 g	gem. Mandeln, o. Haut
4	Eier (Gr. M).
1 Prise	Salz
1 P.	Vanillezucker
1 P.	Backpulver

FÜR DEN GUSS

100 g	Zartbitterschokolade
25 g	Kokosfett (z.B. Palmin)
70 g	Sahne

Zum Verzieren: frische Heidelbeeren oder Himbeeren

Zubehör: Backform (30 x 20 cm)

ZUBEREITUNG

- Backofen auf 160°C Ober-/Unterhitze vorheizen.
- Schokolade in Stücken im Mixtopf **10 Sek./Stufe 6** zerkleinern. Margarine zugeben und **2 Min./40°C/Stufe 2** schmelzen. Mit dem Spatel nach unten schieben und noch mal **3 Min./40°C/Stufe 2.5** schmelzen.
- Restliche Teigzutaten zugeben und **10 Sek./Stufe 4** mixen. Mit dem Spatel nach unten schieben und **10 Sek./Stufe 5** mixen.
- Teig in eine rechteckige Backform geben, glatt streichen und 45 Min. backen. Mixtopf spülen.
- Nach Ende der Backzeit Schokolade für den Guss **7 Sek./Stufe 7** zerkleinern. Kokosfett in kleinen Stücken sowie Sahne zugeben und **6 Min./40°C/Stufe 2** schmelzen. Guss über den noch warmen Kuchen geben und abkühlen lassen.

12 STÜCK

Schoko-
TASSENKUCHEN

ZUTATEN

35 g	weiche Butter
1	Ei
40 g	Milch, 1,5%
60 g	Weizenmehl, Type 405
½ TL	Backpulver
1 EL	Schokodrops
10 g	Backkakao

ZUBEREITUNG

- Alle Zutaten in den Mixtopf geben und **10 Sek./Stufe 3** verrühren.
- Teig in eine Tasse geben und in der Mikrowelle bei 600 Watt 2:30 Min. backen. Ggf. mit Puderzucker bestreut genießen.

1 TASSE (à 350 ml)

Mit flüssigen Kern:

Einfach vor dem Backen in die Mitte der Tasse noch 4 Stückchen Schokolade stecken.

SCHOKO SIRUP

hell & dunkel

à 200 ml

Lecker auch zu Kaffee, Kakao oder für Desserts und Eis!

Dunkler Sirup

ZUTATEN

130 g Zucker
120 g Wasser, lauwarm
½ TL Vanilleextrakt
1 Prise Salz
35 g Backkakao

ZUBEREITUNG

- Zucker im Mixtopf **10 Sek./Stufe 8** pulverisieren.
- Restliche Zutaten dazugeben und **5 Min./100°C/Stufe 2** aufkochen. Zum Schluss noch mal **10 Sek./Stufe 4** vermengen.
- Sirup in eine zuvor ausgekochte Flasche füllen und sofort verschließen. So hält der Sirup einige Wochen im Kühlschrank.

Heller Sirup

ZUTATEN

100 g Zucker
100 g Wasser, lauwarm
½ TL Vanilleextrakt
1 Prise Salz
60 g weiße Schokolade

ZUBEREITUNG

- Zucker im Mixtopf **10 Sek./Stufe 8** pulverisieren.
- Wasser, Vanilleextrakt und Salz zugeben und **5 Min./100°C/Stufe 2** aufkochen. Schokolade in Stücken dazugeben und **2 Min./100°C/Stufe 2** schmelzen. Zum Schluss noch mal **10 Sek./Stufe 4** vermengen. Sirup in eine zuvor ausgekochte Flasche füllen und sofort verschließen. So hält der Sirup einige Wochen im Kühlschrank.

SCHOKO-GRANOLA

mit Kokos

ZUTATEN

40 g	Kokosöl
100 g	zarte Haferflocken
60 g	kernige Haferflocken
20 g	Dinkelvollkornflocken
20 g	gepuffter Vollkornreis
20 g	gepuffte Quinoa
40 g	gehobelte Mandeln
2 EL	Backkakao
3 EL	Ahornsirup
1 Prise	Salz
10 g	Kokoschips
½ TL	Zimt
½ TL	Tonkabohne, gem.

ZUBEREITUNG

- Kokosöl in den Mixtopf geben und **2 Min./50°C/Stufe 2** erhitzen. Restliche Zutaten dazugeben und **30 Sek./ ↺ /Stufe 3** vermengen.
- Backofen auf 180°C Ober-/Unterhitze vorheizen.
- Granola auf ein mit Backpapier belegtes Backblech geben und verteilen. Für ca. 10 Min. im vorgeheizten Backofen backen. Komplett auskühlen lassen und dann in ein Vorratsglas füllen.

2 GLÄSER (À 350 ML)

Schoko-MÜSLIRIEGEL

ZUTATEN

140 g	Nuss-Frucht-Mischung, ungesalzen
100 g	Honig
40 g	Ahornsirup
10 g	Kokosöl
1 TL	Backkakao
10 g	gepuffte Quinoa
10 g	gepuffter Vollkornreis
100 g	kernige Haferflocken
70 g	zarte Haferflocken
20 g	backfeste Schokotropfen

ZUM VERZIEREN

50 g	weiße Kuvertüre
50 g	Zartbitter-Kuvertüre
5 g	Kokosfett (z.B. Palmin)

Zubehör: Backform (23x23 cm)

ZUBEREITUNG

- Nuss-Frucht-Mischung im Mixtopf **5 Sek./Stufe 5** zerkleinern und umfüllen.
- Honig, Ahornsirup, Kokosöl und Kakao im Mixtopf **5 Min./100°C/Stufe 1** erhitzen. Restliche Zutaten für das Müsli dazugeben und **20 Sek./Stufe 1** vermengen. Danach noch **15 Sek./ ↺ /Stufe 3** laufen lassen.
- Backform mit Backpapier auskleiden und Müslimasse darauf verteilen. Backpapier oben drauf geben und die Riegelmasse fest platt drücken (Masse muss ganz fest zusammenkleben). Nun für mind. 2-3 Std. in den Kühlschrank stellen.
- Nach der Abkühlzeit die Müsliriegel zuschneiden.
- Mixtopf spülen und gut trocknen. Kuvertüre nacheinander im Mixtopf **10 Sek./Stufe 8** zerkleinern und mit jeweils ½ TL Palmin **2 Min./50°C/Stufe 2** schmelzen. Schokolade über die Müsliriegel geben.
- Wem die Riegel knusprig besser schmecken, der kann sie auch backen. Dazu die festgedrückte Masse in Riegel vorschneiden. In der Backform lassen und 10-15 Min. bei 180°C im vorgeheizten Backofen backen. Danach vollständig abkühlen lassen.

Espresso-
SCHOKO-
SIRUP

Lecker auch zu Kaffee
Kakao oder für Dessert
und Eis!

420 ML

ZUTATEN

300 g	Zucker
125 g	Espresso, frisch gebrüht
50 g	Wasser, lauwarm
50 g	Backkakao
25 g	Zartbitterschokolade
½ TL	Salz
1 TL	Vanilleextrakt oder Mark einer Vanilleschote

ZUBEREITUNG

- Zucker im Mixtopf **10 Sek./Stufe 8** pulverisieren.
- Restliche Zutaten zugeben und **5 Min./100°C/Stufe 2** erhitzen. Sirup in eine zuvor ausgekochte Flasche füllen und sofort verschließen. So hält der Sirup einige Wochen im Kühlschrank.

1 GLAS (à 250 ml)

Schoko-HASELNUSS-AUFSTRICH

ZUTATEN

200 g ganze Haselnusskerne, mit Haut
90 g Zucker
70 g Zartbitterschokolade, in Stücken
20 g Kokosfett (z.B. Palmin)
1 geh. EL Backkakao

ZUBEREITUNG

- Backofen auf 200°C Ober-/Unterhitze vorheizen. Haselnüsse auf ein mit Backpapier belegtes Backblech geben und 8-10 Min. im vorgeheizten Backofen rösten. Abkühlen lassen und die Haut von den Haselnüssen abreiben.
- Zucker im Mixtopf **10 Sek./Stufe 10** pulverisieren. Umfüllen.
- Haselnusskerne im Mixtopf **10 Sek./Stufe 10** zerkleinern. Mit dem Spatel nach unten schieben und weitere **10 Sek./Stufe 10** zerkleinern, ggf. noch mal **5-10 Sek./Stufe 10** mixen. Umfüllen.
- Schokolade im Mixtopf **10 Sek./Stufe 8** zerkleinern. Mit dem Spatel nach unten schieben. Kokosfett und Puderzucker dazugeben und **3 Min./50°C/Stufe 2** schmelzen. Haselnussmus und Backkakao dazugeben und **20 Sek./Stufe 5** vermengen. Mit dem Spatel nach unten schieben. Anschließend noch mal **20 Sek./Stufe 10** pürieren. In ein Glas umfüllen und kalt stellen.

Schoko-
AVOCADO-SHAKE

ZUTATEN

½ Avocado (ca. 60 g)
2 Bananen (ca. 250 g)
2 geh. EL Backkakao
250 g Milch, 1,5%
40 g Zucker

ZUBEREITUNG

- Avocado und Bananen in Stücken in den Mixtopf geben, restliche Zutaten zugeben und **30 Sek./Stufe 10** mixen.
- Kalt genießen.